San Judas Tadeo

Novenario y Devocionario

Abogado de las causas difíciles e imposibles

SAN JUDAS TADEO

Novenario y Devocionario

Abogado de las causas difíciles e imposibles

Editorial Época, S.A. de C.V.
Emperadores No. 185
Col. Portales
C. P. 03300, México, D.F.

1a. edición, noviembre 2010

© *San Judas Tadeo*
  Novenario y Devocionario
  Abogado de las causas difíciles e imposibles

© Derechos reservados 2010
© Editorial Época, S.A. de C.V.
  Emperadores No. 185, Col. Portales
  C.P. 03300-México, D.F.
  www.editorialepoca.com
  Tels: 56-04-90-46
         56-04-90-72

Diseño de portada: Adriana Velázquez Cruz
Formación tipográfica: Ana María Hdez. A.

ISBN: 970-627-900-8
ISBN: 978-970-627-900-2

Impreso en México — *Printed in Mexico*

INTRODUCCIÓN

Los evangelios, que son relatos de la vida de Jesucristo, poco hablan de los Apóstoles, y la Santísima Virgen; no obstante, San Judas Tadeo es un personaje que no sólo aparece constantemente en ellos, sino que además fue el hombre más piadoso, después de Cristo, que consagró su vida a predicar la palabra del Señor.

Ciertamente el Apóstol más mencionado es San Pedro, por su papel protagónico en muchos pasajes, y aunque a él y su vida apostólica (de predicación) le debemos la construcción de la máxima Iglesia católica, el Vaticano, es innegable el hecho de que grandes hombres, incluyendo San Judas Tadeo, predicaron el amor y las enseñanzas de Jesucristo en la Tierra.

San Judas Tadeo aparece varias veces en los relatos Evangélicos, por ejemplo, cuando se enumeran los nombres de los Doce Apóstoles y también en Mateo 13:55, cuando se nos dice que era pariente de Jesucristo: "¿No se llama su madre María y no son sus hermanos Santiago, José, Simón y Judas?" El sobrenombre de Tadeo, que en sirio quiere decir bondadoso, se aplica al Santo para diferenciarlo del otro Judas, el Iscariote, que traicionó al Señor. Se le atribuye la autoría de la pequeña carta (apenas 24 versículos) que ya desde el año 200 es aceptada como canónica (inspirada por Dios), y que es incluida en la Biblia.

Pero la devoción que día a día crece respecto a este santo, es por los múltiples favores que se obtienen por medio de su intercesión ante Dios. Así, pues, se le invoca con mucha fe, sobre todo en situaciones difíciles y desesperadas. Mas la iglesia católica manifiesta que a San Judas no le agrada la idolatría, y cuanto menos los falsos predicadores, a este santo le basta la esperanza alimentada de la confianza, para interceder por cualquier petición que busque el bien sin perjudicar al prójimo.

En nuestro país es uno de los santos más venerados, al igual que en países como Italia, Alemania, Guatemala, Chile, donde cada día hay más devotos agradecidos por las múltiples muestras de cariño que San Judas ofrece por seguirle, las cuales se traducen en obras de sanación, seguridad, abundancia en el trabajo, convicción en los negocios, entre otras. De acuerdo con los múltiples testimonios de quienes afirman haber recibido un don, un favor, y hasta un milagro del santo, San Judas Tadeo es el Apóstol mejor recordado e invocado en la actualidad, y su obra es clara muestra de que nuestro Señor ha colocado puentes de comunicación entre Él y los hombres, mismos que se conocen como Ángeles y Santos.

La presente obra es una compilación de la vida y obra de San Judas Tadeo, además de contener los novenarios dedicados al santo, y un conjunto de oraciones especialmente pensadas para invocar la ayuda del Patrón de los casos difíciles y desesperados.

VIDA Y OBRA DE
SAN JUDAS TADEO

Santa Brígida[1] cuenta en sus Revelaciones que Nuestro Señor le recomendó que cuando deseara conseguir ciertos favores, los pidiera por medio de San Judas Tadeo. Por ésta, y otras múltiples razones, quien fuera uno de los doce Apóstoles enviados por Jesús para anunciar el Evangelio a todo hombre en cualquier parte del mundo, es ahora recordado con gran devoción.

De su vida poco se conoce, de su obra no se tienen más que algunos datos importantes, pero de sus milagros y dones mucho se habla. Se cree que nació en Caná (Galilea) y que murió como mártir en Suanir (Persia), más o menos en el año 62 de nuestra era. Sin embargo, existe otra creencia que dice que San Judas Tadeo nació en Odesa. Y según otra tradición, se cree

---

1 Santa que vivió (C. 451-525) en una abadía donde consagró su existencia a Dios.

que llegó a Jerusalén en donde fue bautizado por Juan el Bautista, que luego inició su misterio, que regresó a su natal Odesa a predicar el evangelio, y que murió y fue sepultado en Beirut.

Estaba muy unido al Mesías, no sólo porque fue uno de sus discípulos, sino porque además lo unía a Él un lazo familiar. Tenía un parentesco con San Joaquín y Santa Ana, los padres de la Virgen María. Se dice que era sobrino nieto de Joaquín y Aba. Su padre era Cleofás y su madre también se llamaba María y estaba emparentada con la madre de Jesús. En consecuencia era también sobrino de María, la madre de Jesús, y de José. De esta forma resultaba ser primo del "Maestro", como solían llamarle a Jesucristo.

Judas Tadeo era hermano del Apóstol Santiago, llamado el Menor. Contaba además con dos hermanos más, que en el Evangelio son llamados *hermanos de Jesucristo*. Respecto a esto ha de considerarse que para los hebreos *hermano* no significa necesariamente que exista dicho parentesco consanguíneo entre las personas, es decir, tener los mismos padres, sino que aludía a un pariente muy cercano, como un primo o un tío. La madre de Judas Tadeo también estuvo presente en la crucifixión de Jesús. El Evangelio de Juan dice: "Cerca de la cruz de Jesús estaban su madre, y la hermana de su madre, María, esposa de Cleofás, y María Magdalena" (Juan 19:25).

Es muy probable que Judas y Jesús, hayan sido muy cercanos incluso antes de que el Mesías comenzara a predicar. Se les sabía unidos, se les vinculaba de sangre, tal como se nos describe en el Evangelio de Mateo. Cuando Jesús regresó de Judea a Nazaret, comenzó a enseñar en la sinagoga. La gente que le oía estaba asombrada y decía: "¿De dónde le ha llegado tanta sabiduría y ese poder de hacer milagros? ¿No es el hijo del carpintero? ¿No se llama su madre María y sus hermanos Santiago, José, Simón y Judas?" (Mt 13:54).

Mas San Judas aparece último en la lista de los Apóstoles, pero eso no quiere decir que haya sido el menos favorecido de Cristo, incluso para diferenciarlo del otro Judas, se le dio otro nombre, Tadeo, que aparece como sobrenombre para dejar claramente sentada la distinción entre él e Iscariote, el traidor. Por ello San Juan en su Evangelio lo recalca diciendo: "Judas, no el Iscariote" (Juan, 14:22).

Tadeo, en arameo significa "magnánimo, de corazón ancho", aunque también existen otras interpretaciones que lo traducen como "valiente para proclamar su fe". Según otra definición, derivada del arameo, significa "pecho femenino", lo que sugiere ternura en el carácter y devoción casi femenina.

Pero, ¡¿qué hay de su otro nombre?! También refleja el carácter afable de Tadeo. Judas es un nombre hebreo que significa "alabanzas sean dadas a Dios". Es un nombre más o menos frecuente en el Nuevo Testamento y en la Iglesia primitiva.

Luego de la muerte de Jesús, San Judas, siempre acompañado de su hermano, quien también fue uno de los doce Apóstoles, trabajó con gran celo por la conversión de los paganos. Fue misionero por toda la Mesopotamia durante diez años. Regresó a Jerusalén para el Concilio de los Apóstoles. Por lo anterior, sería conveniente que hagamos un pequeño paréntesis para conocer a fondo lo que significaba ser un Apóstol de Cristo.

¿Qué significa ser un Apóstol?

El término griego *apostolos*, aparece ochentainueve veces en el Nuevo Testamento, y sus distintos significados son: "apóstol", "enviado" o "mensajero". El verbo griego *apostello* es una palabra compuesta por *apo* y *stello*. Apo significa "lejos", "aparte" y *stello* significa "equipar", "preparar", "armar, "enviar", etc. *Apostolos* es sencillamente una palabra objetiva para denotar a un representante plenamente acreditado con un encargo específico. De esta manera, un Apóstol es un hombre que ha sido llamado por Cristo para dar testimonio con su vida de la "buena noticia", del anuncio de salvación encarnado en Jesús.

Para los Judíos el equivalente al apóstol sería el *shaliaj* "enviado". El *shaliaj* era una representación con plenos poderes para actuar. Su función era cumplir fielmente un mandato que recibía de su señor, debía defender los intereses de su señor como si fuesen los suyos propios, y se debía identificar completamente con la causa del que le había enviado. Los rabinos consideraban como *shaliaj* a Moisés, Elías, Eliseo y Ezequiel, enviados todos por Jehová, y quienes además mostraban su autoridad como representantes de Dios a través de los milagros que obraban en nombre de Él. El término porta la idea de autorización divina a unos personajes que son comisionados por Dios y no por la comunidad.

Jesús, cuando inició su predicación, eligió a doce hombres para cumplir esta labor de "enviados, mensajeros". Ellos, al morir Cristo, debían continuar su misión, tal como lo hicieron. Estos hombres no fueron Apóstoles hasta la muerte del maestro, antes eran llamados discípulos, porque así lo eran, y sólo hasta que dan fe de la resurrección pudieron ostentar cada uno de ellos el nombre de Apóstol.

Los primeros en ser llamados a seguir a Jesús fueron Juan y Andrés, y así se fueron sumando uno a uno. No conocemos cómo fue el llamado de todos ellos, de hecho el Evangelio no habla de todos, la discreción envuelve su vocación. Mas Santiago y Judas son parientes del Señor, y debió suceder con la confianza de los que se conocen mucho; probablemente le dijeron que tenían fe, que creían en Él como Mesías. Jesús les hace ver la dificultad de una familia que no cree en Él. Y cuando les ve decididos, les acepta como discípulos.

Y es que ser Apóstol, significa entregarse incondicionalmente y con toda libertad a Dios, a sabiendas de que en su misión evangelizadora tienen que estar dispuestos a ofrecer hasta la última gota de su sangre por la causa del anuncio del reino. Así lo dijo el propio Jesús: "Si alguno quiere venir en pos de mí, niéguese a sí mismo, tome su cruz y sígame" (Lucas:9:23). San Judas Tadeo no reparó en hacerlo, y estuvo siempre en compañía de Cristo, antes, durante y después de su muerte.

La Última Cena

Las horas que precedieron a la Pasión y Muerte de Jesús quedaron grabadas con singular fuerza en la memoria y el corazón de quienes estuvieron con él. Por eso, en los escritos del Nuevo Testamento se conservan bastantes detalles acerca de lo que Jesús hizo y dijo en su última cena. Según Joachim Jeremías, es uno de los episodios mejor atestiguados de su vida. En esa ocasión estaba Jesús sólo con los doce Apóstoles (Mt 26:20; Mc 14:17 y 20; Lc 22:14). No le acompañaban ni María, su madre, ni las mujeres santas.

Según el relato de San Juan, al comienzo, en un gesto cargado de significado, Jesús lava los pies a sus discípulos dando así ejemplo humilde de servicio (Jn 13:1-20). A continuación tiene lugar uno de los episodios más dramáticos de esa reunión: Jesús anuncia que uno de ellos lo va a traicionar, y ellos se quedan mirando unos a otros con estupor ante lo que Jesús está diciendo, y Jesús de un modo delicado señala a Judas (Mt 26:20-25; Mc 14:17-21; Lc 22:21-23 y Jn 13:21-22).

En la propia celebración de la cena, el hecho más sorprendente fue la institución de la Eucaristía. De lo sucedido en ese momento se conservan cuatro relatos —los tres de los sinópticos (Mt 26:26-29; Mc 14:22-25; Lc 22:14-20) y el de San Pablo (1 Co 11:23-26)—, muy parecidos entre sí. Se trata en todos los casos de narraciones de apenas unos pocos versículos, en las que se recuerdan los gestos y las palabras de Jesús, que dieron lugar al Sacramento y que constituyen el núcleo del nuevo rito: "Y tomando pan, dio gracias, lo partió y se los dio diciendo: —Esto es mi cuerpo, que es entregado por vosotros. Haced esto en memoria mía" (Lc 22:19).

Son palabras que expresan la radical novedad de lo que estaba sucediendo en esa cena de Jesús con sus Apóstoles con respecto a las cenas ordinarias. Jesús en su Última Cena no entregó pan a los que con él estaban en torno a la mesa, sino una realidad distinta bajo las apariencias de pan: "Esto es mi cuerpo". Y transmitió a los Apóstoles que estaban allí el poder necesario para hacer lo que Él hizo en aquella ocasión: "Haced esto en memoria mía".

Al final de la cena también sucede algo de singular relevancia: "Del mismo modo tomó el cáliz después de haber cenado, diciendo: —Este cáliz es la nueva alianza en mi sangre, que es derramada por vosotros" (Lc 22:20). Los Apóstoles comprendieron que si antes habían asistido a la entrega de su cuerpo bajo las apariencias del pan, ahora les daba a beber su sangre en un cáliz. De este modo, la tradición cristiana percibió en este recuerdo de la entrega por separado de su cuerpo y su sangre un signo eficaz del sacrificio que pocas horas después habría de consumarse en la cruz.

Además, durante todo ese tiempo, Jesús iba hablando con afecto dejando en el corazón de los Apóstoles sus últimas palabras. En el evangelio de San Juan se conserva la memoria de esa larga y entrañable sobremesa. En esos momentos se sitúa el mandamiento nuevo, cuyo cumplimiento será la señal distintiva del cristiano: "Un mandamiento nuevo os doy: que os améis unos a otros. Como yo os he amado, amaos también unos a otros. En esto conocerán todos que sois mis discípulos, si os tenéis amor unos a otros" (Jn 13:34-35).[2]

San Judas Tadeo estuvo con el Maestro en la Última Cena, pero además le observó en todo el viacrucis, y aunque no estuvo a su lado dándole consuelo, lo estuvo su madre, que como recordaremos era pa-

---

[2] BIBLIOGRAFÍA: JOACHIM JEREMÍAS, *La última cena: palabras de Jesús* (Cristiandad, Madrid, 2003); FRANCISCO VARO, *Rabí Jesús de Nazaret* (B.A.C., Madrid, 2005) 179-185.

riente de Jesús. Al morir Cristo, su cuerpo fue sepultado en una cueva, como era la tradición en aquellos tiempos, sólo que como se lo prometió a sus discípulos, resucitó al tercer día.

La Resurrección

Los apóstoles de Jesús comenzaron su predicación anunciando este hecho indiscutible: Jesús de Nazaret, quien fue clavado en una cruz y sepultado RESUCITÓ. Todo su mensaje giró en torno de esta noticia.

Cristo verdaderamente resucitó por el poder de Dios. No se trataba de un fantasma, ni una mera fuerza de energía, ni de un cuerpo revivido como el de Lázaro que volvió a morir. La presencia de Jesús resucitado no se trataba de alucinaciones por parte de los Apóstoles. Cuando decimos "Cristo vive", no estamos usando una manera de hablar, como piensan algunos, para decir que vive sólo en nuestro recuerdo. La cruz, muerte y resurrección de Cristo, son hechos históricos que sacudieron el mundo de su época y transformaron la historia de todos los siglos.

Fue a partir de entonces que comenzó la obra de San Judas Tadeo, fue luego de haberle visto resucitado cuando recibió el nombre de Apóstol, pues a partir de ahí tenía una tarea aquí en la Tierra, que aunque titánica, era el camino que había elegido con gusto y de buen agrado.

La obra de San Judas Tadeo

Después de la muerte de Jesús, como habíamos comentado, San Judas Tadeo se retiró a predicar la palabra de Dios, volviendo a Jerusalén para el Concilio de los Apóstoles. Cabe mencionar, que se conoce como Concilio del latín *concilium,* a la reunión de Obispos, sea a nivel mundial o de una parte importante de la Iglesia, para estudiar asuntos y tomar decisiones conjuntas en materia de la doctrina cristiana, de disciplina o de acciones pastorales que impulsen a todos los miembros de la Iglesia Cristiana a vivir de manera más comprometida con Dios y Jesucristo.

El primer Concilio que se conoce en la historia de la Iglesia Católica es el llamado Concilio de Jerusalén, situado alrededor del año 49 d.C., y en el que los participantes fueron San Pedro, San Pablo y Santiago —San Judas Tadeo estuvo presente— el Obispo de Jerusalén. A este Concilio también se lo conoce como el Concilio de los Apóstoles (Hechos de los Apóstoles, cap. 15).

El punto central de los debates del Concilio de Jerusalén, o Concilio de los Apóstoles, era aclarar a los cristianos gentiles si estaban o no obligados a guardar prácticas judías, especialmente la circuncisión que, según las enseñanzas del Génesis (17:11) era el signo principal de la Alianza con Dios.

En Antioquía, la Iglesia Cristiana iba creciendo en fervor y número al cuidado de San Pablo y Bernabé, con una gran mayoría de cristianos gentiles. Pero a esta comunidad llegan judíos convertidos a Cristo que les dicen que no hay salvación, si no observan la circuncisión y la Ley.

A raíz de esto se produjo una gran agitación y discusión: lo que estaba en juego era la identidad misma del cristianismo que ponía todas sus esperanzas en Cristo, en quien Dios había cumplido todas sus promesas. Por tanto, San Pablo y Bernabé fueron enviados por la comunidad para reunirse con el resto de los Apóstoles en Jerusalén. Para este viaje, San Pablo llevó consigo a Tito, quien no había sido circuncidado y era un cristiano ejemplar, venido del paganismo (Gá 2:1-10).

En el Concilio de Jerusalén, después de varias discusiones, San Pedro declaró que no había que imponer la Ley judía a los gentiles que se convertían al cristianismo: "Es la Gracia de Jesucristo la que nos salva". Y fue emitido el siguiente decreto: "Nos ha parecido al Espíritu Santo y a nosotros no imponerles más carga que la necesaria", de este modo el cristianismo se volvió universal.

Cuando concluyó el Concilio de los Apóstoles, San Judas Tadeo partió a Libia en compañía de Simón. Refiere la tradición que San Judas y San Simón sufrieron martirio en Suanis, ciudad de Persia, donde habían trabajado como misioneros. A San Judas le dieron muerte con una cachiporra. Por eso se le representa con una porra sobre la cabeza. Luego, le cortaron la cabeza con un hacha. Trasladaron su cuerpo a Roma y sus restos se veneran ahora en la Basílica de San Pedro. Veamos qué dice la tradición al respecto.

Muerte del Apóstol

El siguiente texto que narra los hechos ocurridos en Babilonia, donde los dos Apóstoles habían hecho una labor titánica, ha sido tomado de la página Catholic.net[3] y transcrita tal cual debido a que se desconoce alguna otra fuente digna de citar o alguna bibliografía de apoyo:

"Estando los apóstoles en Babilonia, convirtieron a gran cantidad de gente, entre la que se encontraba el rey y muchos ricos.

"Dos hombres que hacían magia e idolatría se trasladaron a una población llamada Samir, en la que vivían setenta pontífices de los ídolos, y se dedicaron a predisponer a sus habitantes contra los apóstoles, incitándoles a que, cuando vinieran a predicarles su religión, los mataran si se negaban a ofrecer sacrificios en honor de los dioses.

"Tras evangelizar toda la provincia, Simón y Judas se presentaron en Samir y, en cuanto llegaron, los ha-

---

[3] http://es.catholic.net/temacontrovertido/161/337/articulo.php?id=7544/Fecha de consulta: 5 de septiembre de 2010.

bitantes de esta ciudad se arrojaron sobre ellos, los prendieron y los llevaron a un templo dedicado al sol; mas, tan pronto como los prisioneros penetraron en el recinto, los demonios, por medio de ciertos energúmenos, empezaron a decir a voces:

—¿A qué venís aquí, apóstoles del Dios vivo? Sabéis de sobra que entre vosotros y nosotros no hay nada en común. Desde que llegasteis a Samir nos sentimos abrasados por un fuego insoportable.

Acto seguido aparecióse a Judas y a Simón un ángel del Señor y les dijo:

—Elegid entre estas dos cosas la que queráis: o que toda esta gente muera ahora mismo repentinamente, o vuestro propio martirio.

Los apóstoles respondieron:

—La elección ya está hecha. Pedimos a Dios misericordioso una doble merced: que conceda a esta ciudad la gracia de su conversión, y a nosotros el honor de morir mártires.

A continuación, Simón y Judas rogaron a la multitud que guardara silencio, y, cuando todos estuvieron callados, hablaron ellos y dijeron:

—Para demostraros que estos ídolos no son dioses, y que en su interior hay demonios agazapados, vamos a mandar a los malos espíritus que salgan inmediatamente de las imágenes en que permanecen escondidos, y que cada uno de ellos destruya la estatua que hasta ahora le ha servido de escondite.

Seguidamente los apóstoles dieron la orden anunciada, y en aquel mismo momento, de las dos estatuas que había en el templo salieron sendos individuos horrendos que en presencia de los asistentes destrozaron las imágenes de cuyo interior salieron, y rápidamente escaparon de allí dando voces y alaridos. Mientras la gente, impresionada por lo que acababa de ver, permanecía muda de asombro, los pontífices paganos, irritados, se arrojaron sobre uno y otro apóstol y los despedazaron. En el preciso instante en que Simón y Judas murieron, el cielo, que hasta entonces había estado sereno y completamente despejado, se cubrió repentinamente de nubarrones; se organizó una terrible tormenta que derrumbó el templo aplastando a los magos.

Cuando el rey tuvo noticia de que Simón y Judas habían sido martirizados, recogió sus cadáveres, los trasladó a la capital del reino y les dio sepultura en una magnífica y suntuosa iglesia que mandó construir en su honor.

San Judas Tadeo, al igual que la mayoría de los otros Apóstoles, tuvo una muerte trágica, que de antemano esperaba, pues fue por esta causa que se le reconoció como Santo.

¿Qué es un Santo?

Los santos son hombres y mujeres de carne y hueso que han escuchado y hecho lo que el Evangelio indica, es decir, llevaron a la perfección la vida cristiana. Son, sobre todo, el fruto de la gracia de Dios, testimonios y signos vivos de la presencia de Cristo en el mundo. A través de los santos podemos experimentar también la cercanía y presencia de Dios. Estos hombres y mujeres han hecho una elección libre en respuesta a la gracia de Dios. No olvidemos que Dios deja libre a toda persona humana y es cada mujer u hombre quien puede responder a la fidelidad en la palabra de Cristo, o bien, pueden seguir un camino diferente.

"Sean santos... porque Yo, el Señor, soy santo" (Lev 19:2; Mt 5:48). "El santo es aquel que está tan fascinado por la belleza de Dios y por su perfecta verdad, que éstas lo irán progresivamente transformando. Por esta belleza y verdad está dispuesto a renunciar a todo, también a sí mismo. Le es suficiente el amor de Dios, que experimenta y transmite en el servicio humilde y desinteresado del prójimo" (Papa Benedicto XVI).

Los santos son testimonios vivos de la fe en Cristo, son dichosos porque han escuchado la palabra de Dios y la han guardado. "Les aseguro que el que escucha mi palabra y cree en aquel que me ha enviado, tiene vida eterna y no está sometido al juicio, sino que ya ha pasado de la muerte a la vida" (San Juan, 5:24). San Judas Tadeo guardó estas palabras como María, la madre de Jesús, en su corazón y las vivió hasta dar la vida por ellas.

Y es que, efectivamente, para que una persona pueda ser considerada por la iglesia católica como santa, tiene que entregar la vida a cambio de la de Cristo. "Para la santidad canonizada se requiere que la forma de vivir sea de tal categoría que la persona tenga una verdadera fama de santidad o que la muerte se haya producido en una entrega de la vida por Jesucristo, lo cual requiere que por parte de los que la produjeron, hubiese un odio a la fe, con todo lo que ello supone de ir en contra o bien de la persona del Salvador, o bien de una de las virtudes cristianas, y que la persona haya muerto perdonando" (Delegación episcopal).

Los santos son los que, a pesar de todas las pruebas y tentaciones e incluso pasos en falso, permanecen fieles hasta la muerte en el amor a Cristo. La iglesia honra y da testimonio de los santos por medio de la canonización, que es el reconocimiento oficial de santidad para señalar y declarar que una persona ya es un santo, que ya goza de la gloria eterna y es digno de culto universal, lo que permite que se les invoque públicamente y promueva su devoción, para dar gloria y testimonio de Cristo y para que, por intercesión de ellos, alcancemos la gracia de Dios. La iglesia los acepta como ejemplos a seguir, pues ellos han vivido heroicamente, según las virtudes cristianas, y son dignos de llamarse hijos de Dios.

Santo Judas Tadeo

San Judas Tadeo es uno de los santos más populares a causa de los numerosos favores celestiales que consigue a sus devotos que le rezan con fe, especialmente en cuanto a conseguir empleo o casa. Santa Brígida cuenta en sus Revelaciones que Nuestro Señor le recomendó que cuando deseara conseguir ciertos favores los pidiera por medio de San Judas Tadeo.

Con frecuencia se ha confundido a San Judas Tadeo con el San Tadeo de la leyenda de Abgar, y se ha dicho que murió apaciblemente en Beirut de Edessa. Según la tradición occidental, tal como aparece en la liturgia romana, se reunió en Mesopotamia con San Simón y ambos predicaron varios años en Persia y ahí fueron martirizados. Existe un presunto relato del martirio de los dos Apóstoles; pero el texto latino no es ciertamente anterior a la segunda mitad del siglo VI. Dicho documento se ha atribuido a un tal Abdías, de quien se dice que fue discípulo de Simón y Judas, y consagrado por ellos primer obispo de Babilonia.

Según dice la antigua tradición, a San Simón lo mataron aserrándolo por medio, y a San Judas Tadeo le cortaron la cabeza con un hacha y por eso lo pintan con un hacha en la mano. Por ello, la Iglesia de occidente los celebra juntos, en tanto que la Iglesia de oriente separa sus respectivas fiestas.

A San Judas Tadeo se le festeja el día 28 de octubre. Y es importante mencionar que los cuerpos de los dos Santos Apóstoles se veneraron en Babilonia en un templo cristiano que se construyó por orden de algún rey cristiano, después de años de trabajo; el sepulcro se convirtió inmediatamente en glorioso por la frecuencia de los milagros obrados por el Santo.

Las reliquias se trasladaron de Babilonia a Roma, siendo colocadas en la Basílica Vaticana, a los pies de un altar dedicado a los dos Santos Mártires. Desde este sepulcro, se dice que el Santo, que tan solícitamente responde a las invocaciones de socorro del género humano, otorga al mundo las gracias y favores que la misericordia del Señor concede a sus potentísimas súplicas.

San Judas Tadeo ha sido representado de maneras diversas, aunque la mayoría de las imágenes religiosas dedicadas al Apóstol, poseen casi siempre los mismos elementos, y éstos se relacionan con algún pasaje de su vida. En dichas representaciones es posible observar:

Un libro

La imagen de San Judas Tadeo portando en la mano izquierda un libro representa la epístola (carta)

que escribió y que está incluida en los libros del Nuevo Testamento en la Sagrada Biblia. Entre las variadas interpretaciones se dice que la escribió en Palestina, antes de marcharse a predicar por Persia, y está dirigida a los judíos que han abrazado la buena nueva, o sea, a los recién convertidos al cristianismo.

Efigie de Cristo

Al santo también suele representársele con la imagen de Cristo en el pecho, lo cual atestigua su parentesco con él. De igual manera se relaciona con la misma leyenda que afirma el parecido extraordinario entre ambos. Asimismo, la imagen en su pecho lo reconoce como Apóstol y testigo de Jesús.

Garrote

Es representado en algunas imágenes con un garrote, el instrumento con el cual se cree que fue martirizado.

Hacha

Hasta el siglo XIV era frecuente ver su imagen con hacha, alabarda y espada. El hacha representaba el martirio que vivió y siempre se le colocaba en la mano derecha.

Llama

Sobre su cabeza, generalmente, se le coloca una llama, que es el símbolo de la presencia del Espíritu Santo, de su fe y el celo ardiente por la vocación apostólica.

SAN HIPÓLITO
UN TEMPLO DE PEREGRINAJE

Saliendo un poco de las concurridas calles del congestionado centro histórico, no muy lejos de allí se puede ubicar uno de los monumentos arquitectónicos más importantes de la ciudad de México, el templo de San Hipólito. Este inmueble se halla vinculado a una de las gestas históricas mejor conocidas de la conquista de Tenochtitlan. Y, según fuentes antiguas su construcción se debió a un resentimiento de los castellanos.

Remontémonos al año 1520, en una noche revuelta llamada la "Noche Triste". Bernal Díaz del Castillo, lugarteniente de Hernán Cortés, declara en sus memorias: "Una iglesia que nosotros hicimos luego de la destrucción de Tenochtitlan haciendo donación en propiedad del solar que ocupara el cabildo, el 11 de agosto de 1524, debiendo advertir que en la primera acta del libro de cabildos con fecha 8 de marzo del mismo año, aparece citada la propiedad de Garrido, que poco después fue la ermita dedicada a San Hipólito, ya que la consumación de la conquista ocurrió el 13 de agosto".

Tan magnífica construcción se inició en 1599, y concluyó a mediados del siglo XVII, junto al pozo donde se libró la más reñida y cruenta de las batallas que iniciaron por los rumbos de Tacuba y concluyeron cerca de la actual Plaza de la Constitución. Hoy en día, este lugar se conoce como la avenida Hidalgo, y el templo se puede ver ubicado en el 107. Según se cuenta, en esa misma calle se edificó un hospital dedicado a San Hipólito, pero de esta construcción al parecer no queda nada.

Mas el templo de San Hipólito sigue ahí, en su lugar destinado, conservando la sola nave en forma de cruz latina. Los muros fueron hechos de mampostería de piedra de tezontle, el piso es de mosaico y el techo de bóveda de platino. Cabe mencionar que la cruenta batalla se inició porque los españoles decidieron escapar de la ciudad llevándose consigo el oro del palacio de Axayácatl, padre del entonces emperador azteca, Moctezuma Xocoyotzin, valiéndose de la oscuridad de la noche. Aquello ocurrió el 30 de junio de 1520. El destino quiso que una mujer quien había salido por agua, descubriera la huida, y a gritos de "escapan los teules", los aguerridos mexicas acudieron para darles seguimiento.

Se desató una encarnizada batalla que conquistaron a bien los mexicas, pues cuenta la tradición que aquella misma noche, Cortés lloró amargamente al pie de un ahuehuete que aún existe y sigue en pie a pesar de estar medianamente quemado. El oro fue recuperado, aunque gran parte de este botín fue arrojado al fondo de la laguna, donde se presume todavía reposa.

Mas sin embargo, un año después de aquella victoriosa batalla, la gran Tenochtitlan cayó finalmente el 13 de agosto de 1521, tras largo sitio que le había impuesto Cortés con sus trece bergantines, armados en Texcoco. La reconstrucción de la ciudad se inició en el año de 1522, y según se cuenta, los españoles para sacarse la espina clavada por la derrota de la Noche Triste, edificaron una ermita de adobe justamente en el lugar de aquella batalla.

Al principio se le llamó Juan Garrido, en memoria del soldado que comenzó la edificación, pero luego se le llamó "Ermita de los Mártires", probablemente con la intención de hacer parecer a los aventureros como defensores de la fe. Mas como Tenochtitlan había caído el 13 de agosto, un día de San Hipólito, quedó la ermita dedicada a este santo, nombre con el que hoy día se le conoce a la esplendorosa edificación.

Con el tiempo, la ermita fue sustituida por una iglesia más grande, cuya edificación comenzó el ayuntamiento el año de 1599. Ya antes, en 1566, fray Bernardo Álvarez había instalado a un lado de la ermita el primer hospital de la orden que fundara: la de los hermanos de la Caridad. Este hospital fue el primero de la Nueva España para enfermos mentales que funcionaría hasta el siglo XIX.

En un principio, cuando todavía los españoles gobernaban tierras aztecas, se conmemoraba la caída de Tenochtitlan muy a su estilo, pues declararon al 13 de agosto "día de peregrinaje al templo", aunque los mexicanos poco conocían las verdaderas razones del peregrinaje, ya que en su gran mayoría acudía a pedirle algún favor al santo, que cuentan las crónicas antiguas era muy milagroso.

Con el paso del tiempo, arribó al templo la imagen de San Judas Tadeo, es por ello que hoy se le conoce también como iglesia de San Judas Tadeo, debido a que en esta construcción se encuentra la imagen más venerada de este santo y su principal sitio de culto, que probablemente sea el mismo histórico peregrinaje sólo que con otro objetivo y realizado en un día totalmente distinto.

La fiesta principal se celebra el 28 de octubre, fecha en la que todos los alrededores de la iglesia permanecen cerrados ante la enorme cantidad de fieles, sin embargo cada día 28 de mes se celebran misas especiales en su honor, a las cuales asisten un gran número de personas que podemos reconocer en las calles cercanas y en el metro por la indumentaria que llevan, la mayoría portando una imagen de gran tamaño del santo envuelto con collares de diversos materiales. Incluso algunos de los fieles se visten con túnicas blancas y verdes, los colores representativos de San Judas Tadeo, acontecimiento que aporta un toque festivo a la ciudad y que es muestra del sincretismo entre ritos indígenas y cristianos que se encuentran latentes aún en medio de la ajetreada vida de la capital mexicana.

Pero, ¿cómo llegó la imagen de San Judas Tadeo al templo de San Hipólito? Originalmente, el altar mayor tenía una escultura de madera del Sagrado Corazón de Jesús; otra del Sagrado Corazón de María y por supuesto, una dedicada a San Hipólito. Era de mármol con tabernáculo y el sagrario de bronce esmaltado. A su alrededor había 18 candelabros de bronce; cuatro blandones del mismo material; dos nichos de cedro tallado y techo de emplumados. A un costado se localizaba el Altar del Calvario, iluminado por 39 focos; con óleos de Francisco Sánchez con representaciones de Santa Margarita de Alacoque; 16 milagros de plata y uno de oro con 69 focos. Cabe mencionar que el Templo fue declarado Monumento Nacional el 9 de febrero de 1931.

A lo largo de su existencia, el templo de San Hipólito ha tenido varias remodelaciones, la mayoría por cuenta del Instituto Nacional de Antropología e Historia (INAH). A este recinto sagrado fueron llegando imágenes de santos, entre ellas la de San Judas Tadeo en 1982. No se sabe exactamente cuándo fue puesta la imagen del santo, y por qué se volvió la preferida del culto mexicano, pero lo que sí se sabe con precisión es que cada 28 de cada mes se hace una misa en honor al santo a la que acuden miles de feligreses que buscan solicitar su intervención en casos difíciles, o bien han vuelto para agradecer los favores obtenidos. Es por ello que el Templo de San Hipólito, mejor conocido por muchos como la iglesia de San Judas Tadeo, es considerado el templo de peregrinaje más concurrido en América Latina, después de la Basílica de Guadalupe.

Carta de San Judas Tadeo[4]

A San Judas Tadeo se le atribuye la autoría de una carta con la que busca estigmatizar a los predicadores que ponen en peligro la fe cristiana. En ella les amenaza de un castigo divino. Lo que más censura, aparte de la impiedad y desenfreno moral, son las blasfemias contra Nuestro Señor Jesucristo y sus ángeles.

Para orientar nuestra devoción a San Judas Tadeo, hemos de conocer su carta y por eso antes de iniciar cualquier Novena, debemos leerla, y si bien no podamos entenderla, al menos no caigamos en la ignorancia de poner en duda la obra sagrada.

Saludo y motivos de la carta

Judas, siervo de Jesucristo y hermano de Santiago, a los que han sido llamados y se mantienen en el

---

[4] Fuente: La Biblia de América.

amor de Dios Padre y en la entrega a Jesucristo. Que la misericordia, la paz y el amor abunden en ustedes.

Hermanos queridos, yo tenía un gran interés en escribirles acerca de nuestra común salvación; pero ahora me he visto obligado a hacerlo para exhortarles a combatir en defensa de la fe, que de una vez por todas ha sido transmitida a los creyentes. Y es que se han infiltrado entre ustedes unos hombres cuya condenación está anunciada desde antiguo en la Escritura. Son unos impíos que han convertido en libertinaje la gracia de nuestro Dios y reniegan de Jesucristo nuestro único dueño y señor.

Recuerdo de ejemplos pasados

Ya sé que lo conocen todo perfectamente. Sin embargo, quiero recordarles que el Señor, después de salvar al pueblo de la opresión egipcia, hizo perecer a los incrédulos. Y a los ángeles que no supieron conservar su dignidad y renunciaron a la que era su propia morada, los mantiene bajo el poder de las tinieblas perpetuamente encadenadas en espera del gran día del juicio.

Igualmente Sodoma y Gomorra, junto con las ciudades de alrededor, que se entregaron lo mismo que ellas a la lujuria y a vicios antinaturales, sufrieron la pena de un fuego eterno, para ejemplo de los demás.

Contra los adversarios

A pesar de eso, estos visionarios se portan de modo semejante: profanan su cuerpo, desprecian la autoridad e insultan a los seres gloriosos. Ni siquiera el arcángel Miguel cuando discutía con el diablo disputándose el cuerpo de Moisés se atrevió a proferir algo injurioso; simplemente dijo: "Que el Señor te reprenda". Estos, en cambio, hablan mal de lo que ignoran; y lo poco que conocen por instinto, lo entienden como animales irracionales, de modo que los lleva a la ruina. ¡Ay de ellos! Han tomado el camino de Caín; por afán de lucro han caído en la aberración de Balaán y han perecido en la rebelión de Coré.

Esos son los que manchan los encuentros fraternos comiendo sin vergüenza alguna y preocupándose sólo de ellos mismos. Son nubes sin agua arrastradas por el viento, árboles sin hojas ni fruto, completamente muertos, arrancados de raíz. Son olas bravías del mar que arrojan la espuma de sus propias desvergüenzas, estrellas errantes a las que está reservada para siempre la más completa oscuridad. Ya profetizó de ellos Enoc, séptimo patriarca después de Adán, cuando dijo: "El Señor vendrá con sus innumerables ángeles a entablar juicio contra todos y a poner a todos en evidencia por todas las malvadas acciones que cometieron, y por todas las insolencias que los malvados pecadores profirieron contra él. Son unos murmuradores, descontentos, injuriosos, presumidos y apegados a su propio interés".

Exhortación a la comunidad

Pero ustedes, hermanos queridos, acuérdense de lo que les predijeron los apóstoles de nuestro Señor Jesucristo, cuando les advertían: "En los últimos tiempos habrá impostores que vivirán impíamente y a capricho de sus pasiones". Son los que introducen discordias, viven sensualmente y no poseen el Espíritu.

Ustedes, en cambio, amados, edifiquen su vida sobre la santidad de su fe. Oren movidos por el Espíritu Santo y consérvense en el amor de Dios, esperando que la misericordia de nuestro Señor Jesucristo los lleve a la vida eterna.

Ayuden a los que tienen dudas; a unos, sálvenlos arrancándolos del fuego; a otros, compadézcanlos, aunque con cautela, aborreciendo incluso el vestido contaminado por su cuerpo.

Doxología final

Al que tiene poder para mantenerlos sin pecado y presentarlos alegres e intachables ante su gloria; al Dios único que es nuestro Salvador, la gloria, la majestad, la soberanía y el poder, por medio de nuestro Señor Jesucristo, desde antes de todos los tiempos, ahora y por todos los siglos. Amén.

NOVENARIO

Todos los días de la Novena, se ha de dar comienzo con un Padre Nuestro, Ave María y Gloria, seguidos de un Acto de Contrición. Luego, se continúa con la siguiente Oración:

¡Oh glorioso Apóstol San Judas Tadeo, discípulo fiel y amigo del Señor Jesús! Te invocamos como Patrono en los casos difíciles y humanamente desesperados. Ruega por mí, pobre pecador, a Dios Todopoderoso, pues me hallo desesperado por (hacer aquí mención de la aflicción que nos agobia) y socórreme, si es para mi provecho, gloria de Dios y honor tuyo.

Te prometo, glorioso San Judas, acordarme siempre de tu protección y hacer lo que pueda para extender tu devoción. Amén.

Acto seguido, se lee la meditación para cada día.

Día primero:
La vocación de San Judas Tadeo

Leemos en los Evangelios la manera en cómo Jesús llamó a su seguimiento a varios de los Apóstoles. A San Pedro y su hermano San Andrés les dijo: "Venid conmigo y os haré pescadores de hombres, y ellos al instante, dejando las redes, le siguieron" (Mt. 4:19). San Mateo, que era publicano (recaudador de impuestos) oyó la voz del Señor que le dijo: "Sígueme" y dejando su despacho, se levantó y le siguió (Mt. 9:9). No conocemos el momento en que San Judas Tadeo fue llamado al seguimiento de Cristo, pero sabemos que permaneció fiel hasta el final, dando su vida por el Evangelio.

Todos somos llamados al seguimiento de Cristo. También tú tienes una vocación aquí en la tierra, aunque no seas Sacerdote o Religioso. Desde tu Bautismo tienes una vocación: has sido llamado a dar testimonio de Jesús, a dar buen ejemplo practicando todas las virtudes cristianas: paciencia, caridad, pureza, honestidad, etcétera.

(Pedir a continuación la gracia especial que desea obtener por la intercesión de San Judas Tadeo y con mucha fe, recitar las siguientes invocaciones:)

San Judas Tadeo, Apóstol y testigo de Jesucristo: Ruega por nosotros.

San Judas Tadeo, que fuiste lleno del Espíritu Santo en Pentecostés: Ruega por nosotros.

San Judas Tadeo, que te compadeces de los afligidos: Ruega por nosotros.

San Judas Tadeo, que obtienes de Dios grandes milagros: Ruega por nosotros.

San Judas Tadeo, Abogado fiel en los casos difíciles: Ruega por nosotros.

San Judas Tadeo, afortunado pariente del Señor: Ruega por nosotros.

San Judas Tadeo, poderoso intercesor de cuantos acuden a ti: Ruega por nosotros.

Oración final para todos los días

Oh Dios, que nos concediste la gracia de llegar a conocer tu Santo Nombre por la predicación de los Apóstoles como San Judas Tadeo, concédenos por su intercesión llegar a practicar sus virtudes y a reflejarlas con una vida santa. Por Jesucristo Nuestro Señor. Amén.

Día segundo:
El Amor de San Judas Tadeo

En el discurso en la Última Cena, Jesús dijo: "El que tiene mis mandamientos y los guarda, ese es el que me ama y el que me ame será amado de mi Padre y yo le amaré y me manifestaré a él". Le dice Judas (no el Iscariote): "Señor, ¿qué pasa para que te vayas a manifestar a nosotros y no al mundo?" Jesús le respondió: "Si alguno me ama, guardará mi palabra y mi Padre le amará y vendremos a Él y haremos en Él nuestra morada". (Jn. 14:21-23).

San Judas Tadeo bien entendió esto y vivió el amor a Dios y a los hermanos. Por eso en su carta, en el versículo 21 nos exhorta: "y consérvense en el amor de Dios esperando que la misericordia de nuestro Señor Jesucristo los lleve a la vida eterna".

Pidámosle a San Judas Tadeo que nuestro corazón esté siempre inflamado del amor de Jesús.

(Invocaciones y Oración final como el primer día.)

Día tercero:
El celo de San Judas Tadeo

El verdadero celo apostólico es resultado natural del amor a Jesucristo que no desea nada más que la gloria de su Padre Eterno y la salvación de las almas. San Judas Tadeo manifestó su celo apostólico no sólo con la predicación del Evangelio hasta las más remotas regiones, sino que según la tradición, dio su vida por Jesús en Persia (hoy Irán). En los versículos 17 al 19 de su carta, nos dice: "Pero ustedes, hermanos queridos, acuérdense de lo que les predijeron los apóstoles de nuestro Señor Jesucristo, cuando les advertía: En los últimos tiempos habrá impostores que vivirán impíamente y a capricho de sus pasiones". Son los que introducen discordias, viven sensualmente y no poseen el Espíritu.

¿Imitamos a San Judas Tadeo en el celo por la gloria de Dios y la salvación de las almas? ¿Hacemos algo o militamos en algún Grupo Apostólico? ¿Nos preparamos estudiando nuestra Santa Religión para defenderla de los ataques de los impíos?

(Invocaciones y Oración final como el primer día.)

Día cuarto:
La Fe de San Judas Tadeo

"Fe se te pide y vida recta", dice la Imitación de Cristo de Tomás de Kempis en el Libro IV, Cap. XVIII. Y continúa: "no elevado entendimiento ni profundizar los misterios de Dios. Si no entiendes ni alcanzas las cosas que están debajo de ti, ¿cómo comprenderás las que están sobre ti? Sujétate a Dios y humilla tu razón a la Fe".

San Judas Tadeo siguió con fidelidad y fe ardiente al llamado de Jesucristo a la penosa vida del apostolado y aunque era su pariente cercano, le reconoció como su Maestro, Señor e Hijo de Dios hecho Hombre. Predicar a Jesús y su Doctrina fue su ocupación constante desde que fue llamado y por esa misma fe dio su vida. En su carta nos dice en los versículos 20 y 21: "Ustedes, en cambio, amados, edifiquen su vida sobre la santidad de su fe. Oren movidos por el Espíritu Santo y consérvense en el amor de Dios esperando que la misericordia de nuestro Señor Jesucristo los lleve a la vida eterna".

Nos exhorta San Judas Tadeo a no olvidar los avisos y enseñanzas de los Apóstoles y mantenernos firmes en la Fe. Si queremos, por tanto merecer la protección de este Santo, deberemos guardar la Fe Católica aun a costa de nuestra sangre si fuere necesario.

(Invocaciones y Oración final como el primer día.)

Día quinto:
La Fortaleza de San Judas Tadeo

La Fortaleza es una de las cuatro Virtudes Cardinales del cristiano, que asegura en las dificultades la firmeza y la constancia en la búsqueda del bien. Reafirma la resolución de resistir las tentaciones y de superar los obstáculos en la vida moral. Nos hace capaces de vencer el temor, incluso a la muerte y de hacer frente a las pruebas y las persecuciones. Capacita para ir hasta la renuncia y el sacrificio de la propia vida por defender una causa justa. "Mi fuerza y mi cántico es el Señor (Sal. 18:14). En el mundo tendréis tribulación, pero ánimo, Yo he vencido al mundo" (Jn.16:33). (Catecismo de la Iglesia Católica, 1808.)

La Carta de San Judas Tadeo manifiesta su fortaleza al denunciar valientemente a los herejes, exhortando a los fieles a permanecer firmes en la Fe y la Doctrina Apostólica. Con extraordinaria fortaleza responde a los ataques de los cristianos degenerados a los que llama "nubes sin agua arrastradas por el viento, árboles sin hojas ni fruto, completamente muertos, arrancadlos de raíz".

Tiene San Judas Tadeo aquella fortaleza de San Pedro o de San Pablo, la de Santiago o San Juan, como vemos en sus respectivos escritos. Y como ellos, supo llevar su fidelidad al Señor Jesús hasta el martirio. Pidamos a este valeroso Santo aquella fortaleza tan necesaria en estos tiempos de impiedad y cobardía, para confesar claramente y sin ambages nuestra adhesión a la Doctrina del Evangelio y a las enseñanzas de la Iglesia Católica.

(Invocaciones y Oración final como el primer día.)

Día sexto:
La Humildad de San Judas Tadeo

"Dios derribó a los potentados de sus tronos y exaltó a los humildes", exclamó la Virgen María cuando visitó a su prima Santa Isabel (Lc.1:52) y se declara humildemente "esclava del Señor".

Dios protege y ama al humilde. El orgulloso no tiene en su corazón lugar para Dios y cree no necesitarlo, como le pasó a los fariseos que quedaron al margen de la Redención al matar a Jesús.

La profunda humildad de San Judas Tadeo queda de manifiesto desde el primer versículo de su carta, en el cual en vez de presentarse como pariente de Jesucristo, se titula su siervo y hermano de Santiago.

Por eso, cumpliéndose la sentencia de que quien se humille será exaltado, San Judas brilla en el cielo como estrella de primera magnitud junto a los demás Apóstoles, y que en la tierra Dios le haya concedido el poder socorrer pronto y eficazmente a los devotos que con humildad le invocan.

A ejemplo de San Judas Tadeo, seamos humildes de corazón y no solamente obtendremos su protección, sino la mirada benévola de Dios.

(Invocaciones y Oración final como el primer día.)

Día séptimo:
La Mansedumbre de San Judas Tadeo

El Señor Jesús nos dijo: "Aprended de Mí, que soy manso y humilde de corazón". Y en otra ocasión, en el Sermón de la Montaña, expresó: "Bienaventurados los mansos, porque ellos poseerán la tierra en herencia" (Mt. 5:4). Humildad y Mansedumbre van de la mano. No podemos ser mansos como Jesucristo sin antes ser humildes verdaderamente.

Dice la tradición que San Judas Tadeo dio muestras de esa mansedumbre toda su vida, atrayendo a muchos al Evangelio por su buen talante y bondad.

Cuando el rey persa Agábaro lo mandó encarcelar, aceptó gustoso el padecer por Jesús y cuando magos enemigos lo arrojaron a las fieras, les comunicó su mansedumbre con la señal de la Cruz.

No es fácil ser manso y humilde en el mundo actual porque las agresiones llegan por todos lados. Por eso debemos pedir a San Judas Tadeo interceda por nosotros para poder adquirir tan importantes virtudes. Como él debemos imitar a Jesús y ser dulces, misericordiosos, benignos, amables y mansos de corazón. Así daremos gloria a Dios y atraeremos a muchas almas hacia Jesucristo.

(Invocaciones y Oración final como el primer día.)

Día octavo:
La Sabiduría de San Judas Tadeo

Tomás de Kempis en su libro "Imitación de Cristo", dice: "Bienaventurado aquél a quien la verdad por sí misma enseña, no por medio de figuras y palabras pasajeras". Consideremos pues la sabiduría de San Judas Tadeo que fue ilustrado nada menos que por Aquél que es el Camino, la Verdad y la Vida, Cristo el Señor. Como los demás Apóstoles, fue preparado por Jesús durante tres años para difundir después la Verdad del Evangelio por tierras lejanas.

La carta de San Judas Tadeo nos revela su sabiduría al llamar a los herejes "estrellas errantes a las que está reservada para siempre la más completa oscuridad" (Jud.13). En la historia de la Iglesia muchos herejes han sido en realidad como esas estrellas fugaces, meteoros que por un instante iluminan y se pierden después en las tinieblas de la noche para siempre.

San Judas nos enseña la grande obligación que tenemos de ir siempre creciendo en el amor de Dios y de conducir a nuestros hermanos por el verdadero camino de la sabiduría evangélica.

Pensemos que en nuestro mundo, en derredor nuestro, hay muchísimos hermanos que viven, como dice la Biblia, "sentados en tinieblas y sombras de muerte", debido a la ignorancia religiosa. Católicos de nombre, hermanos separados o pertenecientes a alguna secta no cristiana, ignoran las verdades salvadores del Verdadero Catolicismo, predicado por la Iglesia que fundó Cristo mismo y basada en las enseñanzas de los Santos Apóstoles como San Judas Tadeo y guiada por el Pontífice Romano, sucesor de San Pedro.

Pidamos a San Judas Tadeo no tan sólo la absoluta fidelidad a las enseñanzas del Papa y del Magisterio de la Iglesia Católica, sino también la sabiduría y el valor para difundir el Evangelio entre los que nos rodean.

(Invocaciones y Oración final como el primer día.)

Día noveno:
El Poder de San Judas Tadeo

Leemos en el Evangelio de San Marcos que "Los Apóstoles salieron a predicar por todas partes, colaborando el Señor con ellos y confirmando la Palabra con las señales que la acompañaban" (Mc. 16:20).

Según una tradición, San Judas Tadeo al predicar el Evangelio en Persia, convirtió a innumerables paganos, entre ellos al mismo Rey de Edesa, Agábaro, curándolo en su cuerpo y en su alma. Sus enemigos, los magos e impostores, nada pudieron contra San Judas pues quitó el veneno mortal a las serpientes que le arrojaron.

Podemos con toda confianza acudir al poder de San Judas Tadeo en aquellos casos en que toda esperanza, humanamente hablando, parece no existir. La devoción auténtica a San Judas Tadeo implica, por supuesto, el compromiso de vivir en Gracia de Dios, cumpliendo a la perfección los mandamientos tanto de Dios como de la Santa Madre Iglesia. Sería una incongruencia esperar un favor de un Santo, estando al mismo tiempo alejados de Dios por el pecado mortal.

Con la conciencia tranquila después de haber recibido la absolución en el Sacramento de la Reconciliación, y habernos alimentado con el sacratísimo Cuerpo de Cristo en santa comunión, podemos acudir a San Judas Tadeo para pedir interceda ante Jesucristo, su pariente próximo y Dios Todopoderoso.

En caso de haber sido escuchadas nuestras súplicas, no olvidar dar gracias tanto a Dios como a San Judas Tadeo y propagar su devoción evitando supersticiones y exageraciones, que no agradan a nuestro Santo.

(Invocaciones y Oración final, como el Primer día.)

Segundo novenario

El autor de esta novena es Charles W. Dahm, O.P., y se reproduce aquí por cortesía de los frailes dominicos del Santuario de San Judas Tadeo de Chicago (USA). Pese a conocerse poco de la vida de San Judas Tadeo, esta novena tiene el mérito de iluminar aspectos de su vida mediante diversas escenas tomadas de los evangelios, a las cuales debió asistir como testigo privilegiado.

Inicio

Aquí, a tus pies, caritativo Apóstol de Cristo, San Judas Tadeo, he venido a implorar del cielo la gracia que necesito. A ti he recurrido, Protector poderoso de los que se hallan en extrema necesidad, ya que nada hallo que me consuele y ayude, para que intercedas por mí ante el trono del Altísimo. Oh, tú, amantísimo y muy amado de Jesús y de María, ten compasión de mí y alcánzame del Corazón de tu Divino Maestro la gracia que te pido; habla por mí a María, Auxilio de los cristianos y Consuelo de los afligidos, para que me obtenga, del Niño Jesús lo que necesito. No me dejes desconsolado San Judas; sé que eres poderoso en el cielo y que deseas el bien espiritual y temporal de tus devotos. Agradecido a tus favores, procuraré servir fielmente a Dios, seguir tus ejemplos de santidad y propagar tu devoción.

Un Padrenuestro, Avemaría y Gloria para que el Santo Apóstol nos obtenga la fidelidad en el servicio de Dios.

Petición

Oh glorioso Apóstol San Judas Tadeo, siervo fiel y amigo de Jesús, el nombre del traidor ha sido causa de que fueses olvidado de muchos, pero la Iglesia te honra y te invoca como patrón de las causas difíciles y desesperadas. Ruega por mí para que reciba yo los consuelos y el socorro del cielo en todas mis necesidades, tribulaciones y sufrimientos, particularmente (hágase la petición), y para que pueda yo bendecir a Dios en tu compañía y con los demás elegidos por toda la eternidad.

Yo te prometo, Apóstol bienaventurado, acordarme siempre de este gran favor; jamás dejaré de honrarte como a mi especial y poderoso protector, y de hacer todo lo posible para propagar tu devoción. Así sea.

Jaculatoria. Glorioso Apóstol, San Judas Tadeo, por amor a Jesús y a María, escucha mi oración y protege a mi familia, y a cuantos con fervor te invocan.

Oración a la preciosa Sangre de Nuestro Señor Jesucristo

Oh Sangre adorable de mi amado Jesús, precio de la redención del mundo y fuente de vida eterna que purificas nuestras almas, Sangre preciosísima, que intercedes poderosamente por nosotros ante el trono de la suprema misericordia, yo te adoro profundamente y quisiera reparar con mis adoraciones y mi fervor, todas las injurias y ultrajes que continuamente recibes de los hombres, especialmente en el Santísimo Sacramento del altar. Yo te adoro, dulce Jesús mío; imprime en mi alma el recuerdo de tu sacratísima Pasión. Haz que la memoria de tus dolores y sufrimientos, infunda en mi alma un horror sumo al pecado y un ardentísimo amor hacia ti, para corresponder de algún modo, el sacrificio que de ti mismo hiciste en la Cruz por mi salvación y rescate. Así sea.

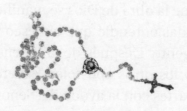

Día primero:
San Judas, el sanador poderoso

San Judas acompañó a Jesús por las aldeas de Israel y fue testigo de su poder de sanación. Tal vez él vio a Jesús curar a los diez leprosos, sanar a una mujer sufriendo hemorragias, resucitar a los muertos. Cuando el pobre ciego gritó: "¡Jesús, hijo de David! ¡Ten compasión de mí!" San Judas probablemente oyó a Jesús contestar: "Recobra tu vista. Tu fe te ha sanado". (Lc 18:39-42).

San Judas fue uno de los discípulos a quienes Jesús "dio poder y autoridad... y los envió a proclamar el Reino de Dios y a curar" (Lc 9:1-2). Los envió de dos en dos, y ellos se quedaron admirados porque "Echaban a muchos espíritus malos y sanaban a numerosos enfermos con una unción de aceite" (Mc 6:13). Tal vez dudamos que Dios quiera lo mejor para nosotros. Puede ser que a veces pensemos que nuestro sufrimiento o enfermedad es un castigo de Dios por nuestros pecados. Nos olvidamos cómo Jesús trabajaba incansablemente para sanar a los enfermos. Cuando Jesús curó al hombre que nació ciego, explicó: "Esta incapacidad no es por haber pecado él o sus padres, sino para que la obra de Dios se manifieste en él" (Jn 9:3). San Judas entendió que el deseo del Señor era sanar a la gente. Después de la ascensión de Jesús, San Judas y los otros apóstoles "salieron a predicar por todas partes con la ayuda del Señor, el cual confirmaba su mensaje con señales milagrosas que los acompañaban" (Mc 16:18). Las palabras de Jesús durante la última cena se cumplieron en San Judas: "Les aseguro que la persona que cree en mí hará también las obras que yo hago, y hará otras todavía más grandes" (Jn 12:14).

Oración

San Judas, tú fuiste testigo del poder sanador de nuestro Señor Jesús. Tú viste su compasión por los enfermos y moribundos. Tú mismo tocaste a los enfermos, compartiste los dolores de los afligidos, y animaste a los desconsolados. Tú recibiste la autoridad y el poder de Jesús para hacer maravillas, curar a los incurables, y restaurar a los incapacitados. Te pedimos que intercedas ante nuestro hermano, Jesús, para que envíe su gracia para sanar a los enfermos y afligidos, para levantar a los espíritus caídos, y para infundir esperanza a los corazones desesperados. Amén.

Compromiso. Prometo que de alguna manera llevaré la buena nueva del amor de Dios a una persona enferma.

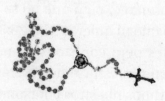

Día segundo:
San Judas Apóstol de Oración

Jesús enseñó a San Judas cómo rezar y cómo orar con una fe que puede trasladar montañas. Su oración fue inspirada por las palabras de Jesús: "Pidan, y Dios les dará; busquen, y encontrarán; llamen a la puerta, y se les abrirá" (Lc 11:9-10). A veces pensamos que Dios nos ha abandonado o que nuestras oraciones no fueron escuchadas. San Judas, al contrario, oraba con la confianza inculcada por la enseñanza de Jesús: "Fíjense como crecen las flores; no trabajan ni hilan. Sin embargo, ni siquiera el rey Salomón, con todo su lujo, se vestía como una de ellas. ¡Cuánto más Dios habrá de vestirlos a ustedes!... Por lo tanto, no anden afligidos... Tu Padre ya sabe lo que necesitan. Pongan su atención en el reino de Dios, y recibirán también estas otras cosas" (Lc 12:22-31).

Aunque no entendamos totalmente los caminos de Dios, nos ponemos en sus manos con mucha confianza, como Jesús mismo lo hizo. San Judas estuvo con Jesús la noche en que el Señor oró en el huerto. Allí, en su agonía de oración, Jesús enseñó a sus apóstoles cómo rezar: "Padre, si es posible, líbrame de este trago amargo, pero que no se haga lo que yo quiera sino lo que tú quieras" (Mt 26:39). Cuando somos insistentes pero confiados en nuestra oración, permitimos que nuestra oración transforme nuestras vidas. Abrimos nuestros corazones al espíritu de

Dios, aceptando los desafíos que Dios nos envía y generosamente comprometiéndonos a imitar a Jesús. San Judas entendió las palabras del Señor: "No todos los que me dicen: 'Señor, Señor' entrarán en el reino de Dios, sino solamente los que hacen la voluntad de mi Padre" (Mt 7:21).

Oración

San Judas, por medio de oración alababas a Dios por las obras maravillosas de Jesús. Pediste a Dios la fuerza para enfrentar los retos de tu apostolado. Pusiste tu confianza en la misericordia de Dios, creyendo firmemente que Dios te amaba y entendía tus penas y alegrías, tus sueños y miedos, tus triunfos y fracasos. Comprendiste que nada es imposible para Dios. Te pedimos que ores por nosotros delante del Altísimo para que nos llene con su fuerza, entendamos su voluntad para nosotros, y con mucha confianza nos coloquemos en sus manos amorosas. Amén.

Compromiso. Me comprometo de nuevo a orar con más confianza para que siempre se haga la voluntad de Dios en mí.

Día tercero:
Paciente en el sufrimiento

Como los demás apóstoles, San Judas sufrió un martirio por su compromiso de llevar a cabo la misión de nuestro Señor, Jesucristo. Aceptó el reto de Jesús: "Si alguien quiere ser discípulo mío, que se olvide de sí mismo, cargue con su cruz cada día y que me siga" (Lc 9:23). San Judas compartió sus sufrimientos con el Señor. Le escuchó decir: "Vengan a mí todos ustedes que están cansados de sus trabajos y cargas, y yo los haré descansar. Acepten el yugo que les pongo, y aprendan de mí, que soy paciente y de corazón humilde; así encontrarán descanso. Porque el yugo que les pongo es fácil y la carga que les doy a llevar es liviana" (Mt 11:28-30).

San Judas creía que sus sufrimientos estaban unidos a los de Jesucristo y, por eso, tenían valor redentor. San Pablo declaró: "Me alegro de lo que sufro por ustedes; porque de esta manera voy completando en mi propio cuerpo lo que falta de los sufrimientos de Cristo por la Iglesia, que es su cuerpo" (Col 1:24). San Judas era humano. Sentía dolor como nosotros. Pero se acordaba del sufrimiento de Jesús, su sentido de abandono en la cruz cuando gritó: "Dios mío, Dios mío, ¿por qué me has abandonado?" (Mt 27:46). Estas memorias le ayudaron a aguantar el dolor porque él sabía que sufría en comunión con el Señor. En nuestros sufrimientos reflexionamos sobre los de nuestro Salvador, Jesucristo. Le escupieron, fue azotado, coronado con espinas y clavado en la cruz donde se quedó colgado por tres horas. Tal vez el sufrimiento más doloroso que atravesó su corazón fue el rechazo de parte de los líderes del pueblo y el abandono por sus amigos. Sin embargo, Jesús se mantuvo fiel hasta el final cuando gritó: "Padre, en tus manos encomiendo mi espíritu" (Lc 23:46).

Oración

San Judas, tú te mantuviste fiel al Señor hasta la muerte. Entregaste tu vida para que otros pudieran vivir. Aguantaste el dolor físico y el abandono espiritual. Pero te alegraste por poder unir tus sufrimientos a los de nuestro Salvador Jesús, y así compartiste en la redención del mundo. Ahora te pedimos que intercedas con nuestro hermano, Jesucristo, para que nosotros también podamos ser fieles en nuestros sufrimientos. Ayúdanos a confiar en Dios y poner nuestras vidas en sus manos. Amén.

Compromiso. Juntaré todos mis sufrimientos y dolores a los de Jesucristo para la redención del mundo, y animaré a otra persona que está sufriendo.

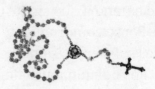

Día cuarto:
San Judas,
Campeón de Justicia y Paz

Al acompañar a Jesús y al escuchar su enseñanza, San Judas aprendió cómo luchar por la justicia y la paz. Él oyó el sermón de la montaña cuando Jesús enseñó: "Bienaventurados son los que trabajan por la paz, porque serán reconocidos como hijos e hijas de Dios... Bienaventurados ustedes cuando por causa mía los maldigan, los persigan y les levanten toda clase de calumnias. Alégrense y muéstrense contentos, porque será grande la recompensa que recibirán en el cielo" (Mt 5:9, 11-12).

San Judas escribió en su carta: "Les ruego que luchen por la fe que una vez fue entregada a los que pertenecen a Dios" (Judas 1:3). San Judas sí luchaba por todo lo que Jesús trató de establecer. Como Jesús, San Judas predicaba la buena nueva a los pobres, proclamó la libertad a los cautivos, restauró la vista a los ciegos, y liberó a los oprimidos (Lc 4:18). A veces resistimos el reto del Señor para luchar por el reino de justicia y paz. Tememos la crítica y el conflicto; buscamos la comodidad y la conveniencia. San Judas no fue así. Él trabajó por la justicia con mucho entusiasmo porque entendía que sin justicia, no hay una paz verdadera. Por su compromiso al reino de justicia y paz, San Judas sufrió precisamente como Jesús había predicho: "Los odiarán a ustedes por causa mía"

(Mt 10:22). Sin embargo, él disfrutó de la paz que Jesús prometió en la última cena. "Mi paz les dejo; mi paz les doy, pero no como dan la paz los del mundo" (Jn 14:27).

Oración

San Judas, tú muy valientemente predicaste la Palabra de Dios en las situaciones más difíciles. Como Jesús, tú defendiste a los pobres y oprimidos y desafiaste a los ricos y poderosos. Cuando te amenazaron con la muerte, no acudiste a la violencia o desesperación sino te acordaste de las palabras de Jesús sobre la paz y el perdón. Escucha nuestra oración por la paz y justicia en el mundo. Pide al Señor que nos dé la valentía para defender lo correcto. Ora para que seamos constructores efectivos de la paz como tú, especialmente donde hay guerra y opresión, en nuestras comunidades donde hay violencia y conflicto, y en nuestras familias donde hay discusiones y peleas. Amén.

Compromiso. Prometo levantar la voz y actuar contra la injusticia, y trabajar por la paz dondequiera que yo esté.

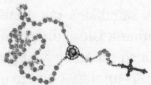

Día quinto:
Servidor del Pueblo de Dios

San Judas tenía el privilegio de acompañar a Jesús diariamente. Aprendía del Señor cómo Dios nos ama y cómo debemos amarnos unas personas a otras.

A veces queremos que otros nos sirvan, que hagan lo que nosotros queremos y que atiendan a nuestras necesidades. Como San Judas, debemos aprender de Jesús quien dijo: "La persona entre ustedes que quiera ser grande, deberá servir a los demás; y la persona que quiera ser el primero, deberá ser su esclavo, como el hijo del pueblo que no vino para ser servido sino para servir y para dar su vida como precio por la libertad de muchos" (Mt 20:26-28).

En la última cena Jesús mostró a San Judas y a los otros apóstoles cómo deberían servir. Les lavó los pies y luego dijo: "Yo les he dado un ejemplo para que ustedes hagan lo mismo que yo les he hecho" (Jn 13:15). San Judas no buscaba un premio por hacer el bien. Más bien, vivía lo que Cristo enseñó: "Cuando ya hayan cumplido todo lo que Dios les manda, deberán decir: Somos servidores que no hacíamos falta, porque no hemos hecho más que cumplir con nuestra obligación" (Lc 17:10). San Judas cumplió los mandamientos señalados por Jesús como los más importantes: amar a Dios con todo su corazón, toda su alma, y toda su mente, y a su prójimo como a sí mismo (Mt 22:27-40). Jesús quiere que nos amemos como Él nos ama: "Así como yo los amo a ustedes, así deben amarse ustedes unas personas a otras. Si se aman los unos a los otros, todo el mundo se dará cuenta de que son mis discípulos" (Jn 13:34-35).

Oración

San Judas, aunque fuiste elegido por Jesús como uno de los apóstoles, aprendiste a no ser orgulloso, ni buscar honores o los lugares más altos. Al contrario, te humillaste en su servicio a tus hermanas y hermanos. Pedimos que nos ayudes a servir con un corazón más generoso y sacrificar nuestro propio interés por el bien de otros. Intercede por nosotros con nuestro Cristo crucificado, quien se humilló en la cruz, quien sacrificó su vida para que tengamos vida nosotros. Que lo imitemos con una vida de servicio a los demás, una vida dedicada y desinteresada. Amén.

Compromiso. Prometo cumplir un servicio a los que lo necesitan más o a los que no lo esperan.

Día sexto:
San Judas, Reconciliador Compasivo

Aunque fue un apóstol, San Judas era humano como todos nosotros, y el perdón no le vino fácilmente. Pero él aprendió de su Maestro, nuestro Señor, cómo perdonar. Probablemente fue sorprendido al escuchar a Jesús decir: "Amen a sus enemigos y recen por quienes los persiguen", para que "sean perfectos, como su Padre que está en el cielo es perfecto" (Mt 5:44, 48). Como San Pablo, San Judas predicaba que no debemos dejar que el sol se ponga sobre nuestra ira (Ef 4:26). Y si tenemos algo en contra de alguien, tenemos que reconciliarnos con esa persona antes de presentar nuestra ofrenda en el altar (Mt 5:23-24). ¿Perdonamos a las personas que nos han ofendido? ¿Y cuántas veces debemos perdonarlos? Cuando Pedro hizo a Jesús esa pregunta, quizá San Judas oyó su respuesta: "No te digo hasta siete veces, sino hasta setenta veces siete" (Mt 18:22). Cuando Jesús enseñaba a San Judas y a los otros apóstoles cómo orar, explicó, "Si perdonan a otros el mal que les han hecho, su Padre que está en el cielo los perdonará también a ustedes" (Mt 6:14). Por esta razón rezamos con las palabras que Jesús nos enseñó: "perdona nuestras ofensas como también nosotros perdonamos a los que nos ofenden".

Oración

San Judas, apóstol de la misericordia y reconciliación, ayúdanos a perdonarnos unos a otros. Tú comprendes la profundidad de la compasión de Dios y nuestra resistencia a perdonar. Tú aprendiste de

Jesús, el hijo de Dios, cómo ser misericordioso. Él le enseñó cómo perdonar a los que le persiguieron y le dieron la muerte. Intercede por nosotros delante de nuestro Dios compasivo, para que podamos perdonar a las personas que nos han ofendido. Ayúdanos a quitar todo vestigio de odio, amargura o rencor de nuestro corazón. Que tengamos la fuerza de perdonar como Dios nos perdona. Amén.

Compromiso. Perdonaré a alguien que me ha ofendido y trataré de reconciliarme con esa persona.

Día séptimo:
San Judas, Predicador de la Buena Nueva del Reino de Dios

Jesús entrenó a San Judas y envió a él y a los demás a las aldeas lejanas para predicar la Buena Nueva, y para trabajar por el reino de Dios. Después de la ascensión de Cristo, San Judas se dedicó a continuar la obra del Señor y se acordó de su mandato: "Vayan, pues, a las personas de todas las naciones, y háganlas mis discípulos; bautícenlas en el nombre del Padre, del Hijo y del Espíritu Santo, y enséñenles a obedecer todo lo que les he mandado a ustedes. Y sepan que yo siempre estaré con ustedes hasta el fin del mundo" (Mt 28:19-20). A veces pensamos que no estamos llamados ni enviados; erróneamente pensamos que no tenemos nada que ofrecer al mundo o que nos falta conocimiento o poder suficiente para cambiar las cosas. Nos olvidamos que por el bautizo recibimos una luz y fuimos comisionados igualmente como San Judas: "Ustedes son la sal de la sierra... la luz del mundo... Procuren que su luz brille delante de la gente para que viendo el bien que ustedes hacen, todos alaben a su Padre que está en el cielo" (Mt 5:13-16). San Judas sabía cómo llevar la Buena Nueva de Jesús a otros. Aprendió del Señor que cuando demos de comer a los hambrientos, demos de beber a los que tienen sed, vistamos a los desnudos, visitemos a los enfermos y encarcelados, estamos haciéndolo a Jesús (Mt 25:31-46). Valientemente San Judas anunciaba la Buena Nueva del amor de Dios y con entusiasmo predicaba la venida del reino de justicia, paz y amor. Recordaba las palabras de Jesús en la última cena: "En el mundo, ustedes habrán de sufrir, pero tengan valor; yo he vencido al mundo" (Jn 16:33).

Oración

San Judas, tú dejaste tu casa y viajaste lejos para llevar la Buena Nueva del amor de Dios a todas las naciones. Predicaste con entusiasmo todo lo que habías aprendido personalmente de las palabras y obras del Señor Jesús. Tú valientemente enfrentaste la crítica, el rechazo y al final el martirio. Pide al Señor que envíe al Espíritu Santo para que podamos ser fieles mensajeros del amor, perdón y justicia de Dios a este mundo tan egoísta, violento e injusto. Ayúdanos a ser la sal de la sierra y la luz del mundo, por la manera caritativa y compasiva que hablamos y tratamos a los demás. Amén.

Compromiso. Actuaré según mi fe y llevaré la Buena Nueva de Jesucristo a otros por mis palabras, obras y ejemplo.

Día octavo: San Judas, Abogado en Casos Difíciles

San Judas fue más que un seguidor de Jesús; era su primo y amigo. Su estrecha relación con el Señor no solamente cambió su vida sino que lo convirtió en un abogado fuerte para nosotros. De Jesús llegó a comprender la profundidad de la compasión y la fuerza del poder infinito de Dios. Aprendió a no dudar de la sabiduría de Dios ni desconfiar de la misericordia divina. San Judas entendía que todos queremos estar cerca de Jesús, ser su amigo, sentir el calor de su amor, y experimentar su poder de curación. San Judas escuchó a Jesús decir: "Yo les llamo mis amigos porque les he dado a conocer todo lo que mi Padre me ha dicho. Ustedes no me escogieron a mí, sino yo los he escogido a ustedes y les he encargado que vayan y den mucho fruto, y que ese fruto permanezca. Así el Padre les dará todo lo que le pidan en mi nombre"

(Jn 15:15-16). A veces nos desesperamos del amor de Dios o por lo menos dudamos que Dios nos oiga. Nos preguntamos: ¿Por qué me va mal? ¿Dónde está el Señor cuando lo necesito? Venimos a San Judas porque creemos que él es un hombre de compasión quien entiende que nada es imposible para Dios. Creyó lo que Jesús le había dicho en la última cena: "Todo lo que ustedes pidan en mi nombre, yo lo haré" (Jn 14:14). El oyó a Jesús decir: "...nada es imposible para Dios" (Mc 10:27).

Oración

San Judas, tú eres el primo hermano y amigo de Jesús. Al acompañarle en sus viajes y verlo curar a los enfermos, aprendiste a sentir su compasión infinita y a experimentar su gracia salvadora. Tú creíste que Él tiene las palabras de la vida eterna y el poder sobre toda enfermedad y la muerte. Intercede por nosotros ahora para que sintamos el cariño de su amistad, el calor de su presencia, y el poder sanador de su espíritu. Ya que nada es imposible para nuestro Dios, pidamos que Él nos cure de toda clase de enfermedad del cuerpo y del alma. Amén.

Compromiso. Prometo animar a alguien que se encuentra en una situación desesperada.

Día noveno: San Judas, Fundador de la Iglesia

Como uno de los doce apóstoles, San Judas es un fundador de la Iglesia de Jesucristo. Dondequiera que San Judas viajara, trató de organizar comunidades en las cuales "todos los creyentes vivían unidos y compartían todo cuanto tenían… repartían sus bienes de acuerdo a lo que cada uno necesitaba. Acudían al templo con mucho entusiasmo y con un mismo espíritu y compartían el pan en sus casas, comiendo con alegría y sencillez" (Hechos 2:44-46). San Judas creía en la unidad e igualdad en la Iglesia. Como San Pablo, entendía que "todos somos partes del Cuerpo de Cristo" (1 Cor 12:27).

Porque todos somos iguales en Cristo, San Judas profesó con San Pablo que "Ya no hay diferencia entre judío y griego, esclavo y libre, hombre y mujer, porque unidos a Cristo Jesús, todos somos uno solo" (Gal 3:28). Jesús prometió a los apóstoles enviar a su Espíritu, el Abogado, "para introducirlos a la verdad total" (Jn 16:13). En Pentecostés, recibieron al Espíritu "como un viento fuerte del cielo", "comenzaron a hablar en lenguas y realizar maravillas de curación" (Hechos 2:24). Ellos vencieron su miedo y predicaron con sabiduría y fuerza. El Señor nos llama a todos para ser miembros activos de nuestras comunidades parroquiales, compartiendo nuestros dones y poniendo nuestros talentos al servicio de los demás.

Debemos superar nuestro miedo y egoísmo para reforzar el Cuerpo de Cristo, que es la Iglesia. Jesús deseaba mucho que todos fuéramos uno como él y su Padre son uno. Que trabajemos todos por la unidad e igualdad entre todos los creyentes en Jesucristo.

Oración

San Judas, tú viajaste lejos para llevar la Buena Nueva de Jesucristo a todas las naciones. Tú reuniste a la gente en comunidades de fe para que pudieran vivir el evangelio del Señor, compartiendo sus vidas y recursos, uniendo sus corazones y mentes en Cristo. Tú reconociste la dignidad de todos, la diversidad de dones, y la igualdad entre todos los hijos e hijas de Dios. Intercede con el Señor para que envíe a su Espíritu a cada uno de nosotros y a nuestros líderes de la iglesia, para que podamos forjar una unidad e igualdad entre tanta división y discriminación en nuestras comunidades eclesiales. Ayúdanos a vencer nuestro miedo y egoísmo para poner nuestros dones al servicio de nuestras hermanas y hermanos en nuestras iglesias locales. Amén.

Compromiso. Prometo hacer algo para ayudar a reforzar la Iglesia local, o sea, mi parroquia.

Novenario versión corta

Primero se reza la oración preparatoria:

Bendito Apóstol, San Judas Tadeo, Cristo te concedió poder para obrar maravillas conducentes al bien espiritual de los hombres: presenta al Señor mi oración y, si es de su agrado, haz que logre la gracia que solicito de su misericordia.

Se pide la gracia que se desea obtener y a continuación se reza la oración del día correspondiente.

Día primero

San Judas Tadeo, El Señor te llamó a la gracia del apostolado, y tú correspondiste hasta dar la vida por Él. Consígueme del Señor que yo también sea fiel en el cumplimiento de su voluntad.

Oraciones finales para todos los días

San Judas Tadeo, ruega por mí y por todos los que piden tu protección.

Padrenuestro, Avemaría y Gloria.

V. San Judas Tadeo, Apóstol glorioso.

R. Haz que mis penas se vuelvan en gozo.

Oración. Glorioso Apóstol, San Judas Tadeo, por amor de Jesús y María, escucha mi oración y protege a cuantos con fervor te invocan. Amén.

Día segundo

San Judas Tadeo, tú aprendiste de Jesús el amor que te llevó al martirio. Consígueme del Señor que yo también le ame con un amor de preferencia.

(Terminar con las oraciones finales del día primero.)

Día tercero

San Judas Tadeo, tan grande fue tu amor al prójimo que no te perdonaste trabajo alguno para atraerlos a Dios. Consígueme del Señor que yo posponga mis intereses por la gloria de Dios y por el bien de mi prójimo.

(Terminar con las oraciones finales del día primero.)

Día cuarto

San Judas Tadeo, fue tanta tu abnegación que desterraste el hombre viejo de pecado para que Cristo viviera en ti. Consígueme del Señor, que mortificando mis pasiones, viva sólo para Él.

(Terminar con las oraciones finales del día primero.)

Día quinto

San Judas Tadeo, tú detestaste la gloria y ostentación del mundo para implantar la Cruz y el Evangelio. Consígueme del Señor que yo sólo me gloríe en la Cruz de Cristo viviendo conforme al Evangelio.

(Terminar con las oraciones finales del día primero.)

Día sexto

San Judas Tadeo, tú dejaste todo para seguir al Maestro. Consígueme del Señor que yo esté pronto a sacrificar por Dios aun mi propio interés.

(Terminar con las oraciones finales del día primero.)

Día séptimo:

San Judas Tadeo, tan grande fue tu celo santo que hiciste salir de los ídolos a los demonios. Consígueme del Señor, que detestando los ídolos que me dominan, adore sólo a mi Dios.

(Terminar con las oraciones finales del día primero.)

Día octavo

San Judas Tadeo, entregando tu vida y tu sangre diste valeroso testimonio de fe. Consígueme del Señor que, detestando todo temor, sepa dar testimonio de Cristo ante los hombres.

(Terminar con las oraciones finales del día primero.)

Día noveno

San Judas Tadeo, habiendo recibido el premio y la corona has hecho evidente tu protección obrando prodigios y maravillas con tus devotos. Consígueme del Señor que yo sienta tu protección para que pueda cantar eternamente sus maravillas.

(Terminar con las oraciones finales del día primero.)

TRIDUO

1) Gran Apóstol de Jesucristo, glorioso San Judas, postrado a tus pies te venero con afecto de hijo y te pido me obtengas del Señor el perdón de todos mis pecados, que detesto con toda mi alma, y también la gracia especial... de la que estoy tan necesitado. Padrenuestro, Ave María, Gloria.

2) Espléndida lámpara de la Iglesia de Jesucristo, amable San Judas, tú que la edificaste con tu gran sabiduría y santidad, ruega por el aumento en mí de todas las virtudes y la obtención de la gracia particular que te pido... Padrenuestro, Ave María, Gloria.

3) Invicto campeón de la fe, admirable San Judas, desde el alto trono que mereciste por tu apostolado y martirio, acoge, por tu patrocinio en la vida y en la muerte, la súplica que te dirijo en la presente necesidad... Padrenuestro, Ave María, Gloria.

V/ Ruega por nosotros San Judas Tadeo.

R/ Para que seamos dignos de alcanzar las promesas de Jesucristo.

Oremos

Oh Dios, cuya bondad y clemencia nunca se agotan, inclina tu oído a las oraciones de tus fieles que confían en la intercesión de tu Apóstol Judas, por cuyos méritos elevamos a ti nuestras peticiones. Por Jesucristo Nuestro Señor. Amén.

Himno

Los labios se abren
Para el himno festivo
En honor de San Judas
El Apóstol Glorioso.

Oh Judas Tadeo,
Con tu santidad,
Por el mundo tan feo
Implora piedad.

Ardiste de celo,
Pureza y amor,
Por esto, ahora en el cielo,
Contemplas al Señor.

De Cristo la llamada
Seguiste y la voz

Fiel lo has servido
Hasta la Cruz.

Por nosotros también implora
Que en esperanza, que en fe,
Seguimos cada hora
A Él sólo, el Gran Rey.

Oh Apóstol glorioso,
Que arriba en el Cielo
Nos guíes piadoso
Hasta llegar a Jesús.

Letanía a San Judas Tadeo

Señor, ten piedad.

Cristo, ten piedad.

Señor, ten piedad.

Cristo, óyenos.

Cristo, escúchanos.

Dios Padre celestial, ten piedad de nosotros.

Dios Hijo, Redentor del mundo, ten piedad de nosotros.

Dios Espíritu Santo, ten piedad de nosotros.

Trinidad Santa, un solo Dios, ten piedad de nosotros.

San Judas Tadeo, que estás junto a Jesús y María, ten piedad de nosotros.

San Judas Tadeo, que fuiste digno no sólo de ver sensiblemente a las santísimas personas de Jesús y María, sino también de gozar de sus suaves coloquios, ruega por nosotros.

San Judas Tadeo, tú que fuiste enaltecido por Jesucristo a la dignidad del ministerio apostólico, ruega por nosotros.

San Judas Tadeo, tú que en la Última Cena recibiste con gran adoración la Santísima Eucaristía de manos de tu amadísimo Maestro Jesucristo, ruega por nosotros.

San Judas Tadeo, tú que después de haber llorado amargamente la muerte de Jesús, habiendo resucitado lo viste ascender a la gloria en los Cielos, ruega por nosotros.

San Judas Tadeo, tú que en el día de Pentecostés, junto con los demás Apóstoles, fuiste repleto del Espíritu Santo, ruega por nosotros.

San Judas Tadeo, tú que después de la Ascensión de Cristo te dedicaste a instruir en la doctrina evangélica a las naciones de Persia, ruega por nosotros.

San Judas Tadeo, tú que con tu doctrina convertiste a innumerables infieles a la verdadera religión, ruega por nosotros.

San Judas Tadeo, tú que por la virtud del Espíritu Santo obraste tantos y tan grandes milagros, ruega por nosotros.

San Judas Tadeo, tú que por la gracia divina hiciste callar a los demonios en los ídolos y confundiste los encantamientos de los magos, ruega por nosotros.

San Judas Tadeo, tú que quitaste a las serpientes el poder hacer daño con su veneno a los hombres, ruega por nosotros.

San Judas, tú que despreciando las amenazas de los impíos propagaste los verdaderos dogmas de la fe, ruega por nosotros.

San Judas Tadeo, tú que confesando el nombre de Cristo consumaste el camino de la vida bajo los golpes de los palos, ruega por nosotros.

San Judas Tadeo, a fin de que seamos tus devotos, ruega por nosotros.

Te pedimos que supliques por los Príncipes cristianos, para que velen con celo y constancia por la fe católica, te rogamos, óyenos.

Para que Dios, por tus méritos se digne convertir a los herejes y a los infieles a la verdadera fe, te rogamos, óyenos.

Para que nos ayudes a crecer en la Fe, la Esperanza y la Caridad, te rogamos, óyenos.

Para que te dignes quitar de nosotros todos los malos pensamientos y las insidias diabólicas, te rogamos, óyenos.

Para que protejas con tu patrocinio a cuantos devotamente se ponen bajo tu patrocinio, te rogamos, óyenos.

Para que los preserves de los pecados y de todas las malvadas ocasiones, te rogamos, óyenos.

Para que antes de la muerte puedan dignamente recibir los Santos Sacramentos y la total remisión de sus culpas, te rogamos, óyenos.

Para que en su agonía te dignes defenderlos y confortarlos contra las diabólicas tentaciones, te rogamos, óyenos.

Para que alcances para ellos una benigna sentencia de Cristo Juez, te rogamos, óyenos.

Para que te dignes introducirlos en la Patria de los Justos, te rogamos, óyenos.

Cordero de Dios, que quitas el pecado del mundo, perdónanos, Señor.

Cordero de Dios, que quitas el pecado del mundo, escúchanos, Señor.

Cordero de Dios, que quitas el pecado del mundo, ten piedad de nosotros.

V/ San Judas Tadeo, intercede por nosotros.

R/ Y aleja de nosotros cualquier desgracia.

V/ Ruega por nosotros San Judas Tadeo.

R/ Para que seamos dignos de alcanzar las promesas de Jesucristo.

Devocionario

Oración para el trabajo

San Judas Tadeo, intercesor en todo problema difícil, consígueme un trabajo en que me realice como humano, y que a mi familia no le falte lo suficiente en ningún aspecto de la vida.

Que lo conserve a pesar de las circunstancias y personas adversas. Que en él progrese mejorando siempre mi calidad y gozando de salud y fuerzas. Y que día a día trate de ser útil a cuantos me rodean.

Asocio tu intercesión a la Sagrada Familia, de la cual eres pariente y prometo difundir tu Devoción como expresión de mi gratitud a tus favores. Amén.

Oración para un día de trabajo

Padre en el nombre de Jesús te pido que me des la fuerza para enfrentar este día. Jesús, yo confieso que necesito tu ayuda. En el nombre de Jesús cancelo todos los planes del enemigo contra mí, mi familia, mi trabajo, mis finanzas y mis posesiones. Yo rompo todas las maldiciones y toda forma de hechicerías que hayan puestas contra mí. Cancelo todo accidente, daño, muerte y destrucción destinado a todo lo que me ha tocado hacer. Te pido me des inteligencia en toda área de mi vida. Ato todo aquello que pueda estar oscureciendo mi mente y ordeno a mi mente a despertar, enfocar, y funcionar de la manera que Dios la creó. En el nombre de Jesús, desato un pensamiento claro, real y la habilidad de hacer decisiones sabias en mi mente. Amén.

Consagración

San Judas, Apóstol de Cristo y Mártir glorioso, deseo honrarte con especial devoción. Te acojo como mi patrón y protector. Te encomiendo mi alma y mi cuerpo, todos mis intereses espirituales y temporales y asimismo los de mi familia. Te consagro mi mente para que en todo proceda a la luz de la fe; mi corazón para que lo guardes puro y lleno de amor a Jesús y María; mi voluntad para que, como la tuya, esté siempre unida a la voluntad de Dios. Te suplico me ayudes a dominar mis malas inclinaciones y tentaciones, evitando todas las ocasiones de pecado. Obtenme la gracia de no ofender a Dios jamás, de cumplir fielmente con todas las obligaciones de mi estado de vida, y practicar las virtudes necesarias para salvarme. Ruega por mi Santo Patrón y auxilio mío, para que, inspirado con tu ejemplo y asistido por tu intercesión, pueda llevar una vida santa, tener una muerte dichosa y alcanzar la gloria del Cielo donde se ama y da gracias a Dios eternamente. Amén.

Oración en la aflicción

Apóstol gloriosísimo de Nuestro Señor Jesucristo, aclamado por los fieles con el dulce título de ABOGADO DE LOS CASOS DESESPERADOS, hazme sentir tu poderosa intercesión aliviando la gravísima necesidad en que me encuentro. Por el estrecho parentesco que te hace primo hermano de Nuestro Señor Jesucristo, por las privaciones y fatigas que por Él sufriste, por el heroico martirio que aceptaste gustoso por su amor, por la promesa que el divino Salvador hizo a Santa Brígida de consolar a los fieles que acudiesen a tu poderosa intercesión, obtenme del Dios de las misericordias y de su Madre Santísima, la gracia que con ilimitada confianza te pido a Ti, Padre mío bondadosísimo, seguro que me la obtendrás siempre que convenga a la gloria de Dios y bien de mi alma. Así sea.

Glorioso Apóstol San Judas Tadeo, ruega por nosotros. (*Repetir 3 veces.*)

En el nombre del Padre, y del Hijo, y del Espíritu Santo. Amén.

Oración para la visita en su honor

El día 28 de cada mes

Bondadoso Protector mío, San Judas Tadeo, que recibiste del Salvador la gracia de la vocación al apostolado para seguirle de cerca en la práctica de las virtudes y predicar su Evangelio, que tuviste el don de conmover los corazones con tus ejemplos y tus enseñanzas, el poder de obrar milagros, y que diste tu vida en defensa y testimonio de la Fe, recibe mis parabienes por estos grandes privilegios, y acepta gustoso esta visita que te hago en agradecimiento de favores obtenidos y para obtener nuevas gracias por tu mediación. Alcánzame un grande amor al Divino Maestro, que me aliente en la práctica de la virtud, me consuele en mis tribulaciones y sostenga mi esperanza cuando el infortunio y la desgracia me acrisolen. No permitas jamás que la falta de confianza en la Providencia divina me aparte del amor y servicio de Dios. Dame tu protección, San Judas, y alcánzame lo que necesito y pido para mi bien temporal y eterno. Amén.

Rezar tres Glorias en honor de la Santísima Trinidad y hacer luego la petición de la gracia que se desea obtener.

Oración diaria

Oh glorioso Apóstol San Judas Tadeo, siervo fiel y amigo de Jesús, el nombre del traidor ha sido causa de que fueses olvidado de muchos, pero la Iglesia te honra y te invoca como patrón de las causas difíciles y desesperadas. Ruega por mí para que reciba yo los consuelos y el socorro del cielo en todas mis necesidades, tribulaciones y sufrimientos, particularmente (hágase la petición), y para que pueda yo bendecir a Dios en tu compañía y con los demás elegidos por toda la eternidad.

Yo te prometo, Apóstol bienaventurado, acordarme siempre de este gran favor; jamás dejaré de honrarte como a mi especial y poderoso protector y de hacer todo lo posible para propagar tu devoción. Así sea.

Jaculatoria. Glorioso Apóstol, San Judas Tadeo, por amor a Jesús y a María, escucha mi oración y protege a mi familia, y a cuantos con fervor te invocan.

Oración para casos difíciles y desesperados

¡Santo Apóstol San Judas, fiel siervo y amigo de Jesús!, la Iglesia te honra e invoca universalmente, como el patrón de los casos difíciles y desesperados. Ruega por mí, estoy solo y sin ayuda.

Te imploro hagas uso del privilegio especial que se te ha concedido, de socorrer pronto y visiblemente cuando casi se ha perdido toda esperanza. Ven en mi ayuda en esta gran necesidad, para que pueda recibir consuelo y socorro del cielo en todas mis necesidades, tribulaciones y sufrimientos, particularmente... (haga aquí su petición), y para que pueda alabar a Dios contigo y con todos los elegidos por siempre.

Te doy las gracias glorioso San Judas, y prometo nunca olvidarme de este gran favor, honrarte siempre como mi patrono especial y poderoso y, con agradecimiento, hacer todo lo que pueda para fomentar tu devoción. Amén.

Oración de acción de gracias

Dichoso tú, San Judas Tadeo, que reconociste a Cristo como el Mesías anunciado por los profetas. Alcánzanos la gracia para abrir nuestro corazón a Cristo y alabarlo cada día. Ponemos en ti nuestros miedos, nuestra falta de fe, nuestras contradicciones y sobre todo nuestras necesidades más urgentes. Ruega por nosotros, San Judas Tadeo, abogado de las causas imposibles y difíciles. Amén.

Oración de confianza

San Judas Tadeo que elegiste seguir la "locura" del maestro, intercede por nosotros para que nuestra locura de fe dé frutos y obtengamos las gracias y favores que pedimos en tu nombre. Amén.

Oración al abogado de lo imposible

San Judas Tadeo, abogado de las cosas imposibles y difíciles, dame la fe que necesito para unirme a Dios y a ti, y así pueda pedirte con un corazón abandonado y creyente, y suplicarte el favor que tanto necesito.

Tú sabes que la fe mueve montañas, sabes que Cristo resucitado escucha nuestra oración porque nos ama, porque quiere nuestro bien y nuestra salvación.

Por eso te pido (realiza tu petición) y que presentes al divino Cristo mi petición con mi deseo fervoroso de aumentar mi fe y mi esperanza.

Te lo pido San Judas Tadeo con el anhelo de vivir según la fe que tú has demostrado al Señor. Amén.

Oración a San Judas Tadeo

San Judas Tadeo, hermano de Cristo y hermano nuestro, acoge con bondad nuestra oración sencilla y llévala con alegría y sinceridad ante nuestro amado señor Jesucristo, el que tú seguiste hasta el martirio por amor a la palabra de Dios. Tú, San Judas Tadeo, que renunciaste a todo por anunciar valientemente la Buena Nueva, ruega al señor Jesús que nos conceda la paz para nuestros corazones y para el corazón de las naciones. Acompáñanos en los momentos oscuros y difíciles, sostennos en la debilidad y en la confusión, apóyanos en la tristeza y en la soledad. Tú, Apóstol amado de Cristo, que aceptaste con alegría verdadera el llamado para seguirlo, pide al Padre por nosotros, por nuestros hermanos y por los que están lejos del Padre. Amén.

Oración para la familia

San Judas Tadeo, Apóstol de nuestro señor Jesucristo, te pido con toda la fuerza de mi corazón que intercedas ante tu divino maestro, a favor de mi familia. En primer lugar, que su gracia embargue los corazones de mi esposo (a) y de mis hijos, que la unión entre nosotros sea obra tuya, santo Apóstol; que mi paciencia alcance a comprender las pruebas que el Señor me envía, así como también, muéstrame la mejor manera de recibir las alegrías con que nuestro Padre nos premia.

Intercede, amado Apóstol, para que el diálogo nunca tenga fin en mi hogar, ruega conmigo para que la Sagrada Familia sea el ejemplo a seguir; que la paciencia y nobleza de San José sea nuestro horizonte, que la entereza y dulzura de la Virgen María ilumine mi hogar y que la obediencia de Jesús, Dios y hombre verdadero, sea imitado por mis hijos, te agradezco, San Judas Tadeo, tu atención y te pido perdón por mis pedidos y exigencias. Amén.

Oración para pedir la salud durante alguna enfermedad

San Judas Tadeo, primo hermano de Jesús, quien al decirle: "Señor, ¿por qué te manifiestas a nosotros y no al mundo?". Te interesaste por el resto de la humanidad afligida; tú que conociste el corazón del médico divino, nuestro Señor Jesucristo, quien siempre curó a los enfermos si tenían fe; que te preocupaste por la salud corporal y las curaciones difíciles, te pido que intercedas ante el Señor para que su misericordia se repita en mí, que me ayude en mi fe para recibir la curación de mi cuerpo (decir el padecimiento, pedir que acabe con él y traiga salud). Y si me concedes la salud que necesito, me lleve a curar la enfermedad del alma: el pecado.

Acepto, aunque no pueda comprender, la voluntad de Dios. Amén.

Oración para los difuntos

San Judas Tadeo, Apóstol y fiel compañero de nuestro Señor Jesucristo. Tú que presenciaste la muerte de nuestro Señor y compartiste con María Santísima y los Apóstoles el dolor y la soledad que embarga los corazones al ausentarse un ser tan querido, atiéndeme en este momento de tribulación en el que he perdido a... (nombre del difunto)... quien ha partido al encuentro con el Señor.

Bríndame la tranquilidad necesaria para superar este momento de tristeza y desolación, dame fuerzas para que mis oraciones y mis ruegos lleguen a Dios en favor de mi difunto... (nombre del difunto)...

Sálvame de la tristeza y guíame en este mundo a fin de seguir adelante, sin descuidar a mi familia, ni a mí mismo.

Guía Santo Apóstol a mi... (parentesco) ..., al encuentro con nuestro Padre Celestial, y aboga por él con tus oraciones e intercede con el fin de que descanse en paz aquí en la tierra y de Dios goce en el cielo.

Mis oraciones hacia el Señor, no sólo por mi difunto sino por todas las almas que las necesiten, mientras el Señor me lo permita. Amén.

Oración de Sta. Gertrudis

Oh misericordioso Apóstol San Tadeo, Mártir de Jesucristo. Acuérdate de la dulcísima alegría de la que gustó tu corazón cerca de Cristo, tu amado Maestro, quien os enseñó a ti y a los otros Apóstoles la oración del Padrenuestro: por esta dulzura, te suplico que intercedas para que yo sirva fielmente con la mayor perseverancia hasta el fin de mi vida a mi Divino Maestro. Amén. (L. IV, cap. 4)

A continuación se reza un Padrenuestro, Ave María, Gloria...

Oración de un enfermo

Oh querido San Tadeo, que con tus manos has sanado, por virtud divina, tantas enfermedades de alma y cuerpo, socórreme en esta debilidad y obtenme del Señor que, si es su voluntad, me sane de esta enfermedad, de modo que pueda servirle y alabarle cada día más. Amén.

Oración para pedir ayuda

Oh, San Tadeo, mi patrón y abogado, te pido que me ayudes en esta necesidad y sobre todo que me alcances de Dios el perdón de mis culpas, por las que debo soportar estas penas temporales. Y también pide a Dios que me libere de la actual tribulación y angustia, para que esto no sea contrario a mi eterna salvación. Te encomiendo, Oh San Tadeo, velar sobre mi cuerpo y alma, de modo que la malicia y la violencia del demonio, no me puedan dañar y que las cruces y contrariedades no me alejen de Dios, sino que me sirvan de ayuda para alcanzar un día la felicidad eterna en el cielo. Amén.

Oración para alejar las tentaciones

Jesús dice a Sta. Brígida: "Tadeo ha vencido al demonio con su pureza de corazón" (Rev. Ext. V. cap. 34).

¡Oh, dulcísimo Jesús! Por el amor con el que conservaste puro y casto el corazón de tu Apóstol Tadeo, y le honraste con los dones apostólicos para hacerlo una digna morada de Ti, libérame, por sus méritos y su intercesión de esta tentación. Amén.

Índice

Esta obra se termino de imprimir
en Diciembre del 2022 en los
talleres de Offset Efectivo S.A. de C.V.
Tiro de 1,000 ejemplares